AF220242

Ben Kretlow

BLACK ALBUM.

traumfäng3r/bootleg

poeme_edition:kieber

Bibliografische Information der Deutschen Nationalbibliothek:
Die Deutsche Nationalbibliothek verzeichnet diese Publikation in der Deutschen Nationalbibliografie; detaillierte bibliografische Daten sind im Internet über http://dnb.dnb.de abrufbar.

produziert von © 2022 EDITION KIEBER

Alle Stücke geschrieben, bearbeitet, konzipiert und aufgezeichnet von © 2007-2022 Ben Kretlow

Bildmaterial: © Ben Kretlow
Autorenfoto – aus dem privaten Bildarchiv des Autors
Covergestaltung & Bildbearbeitung: Ben Kretlow

Kontakt: Email – info@benkretlow.de
Instagram - benstagram1985
Facebook – www.facebook.com/pages/Ben-Kretlow

Herstellung und Verlag: BoD – Books on Demand, Norderstedt

ISBN: 978-3-7562-2100-4

vorwort

Ben Kretlows Lyrik ist für mich eine gelungene Kombination aus klassischer Liebesdichtung und Hip Hop-Songs (Die guten, aus den 90ern, in denen noch bedachte Texte und Emotion vorherrschten).

Seine Werke befassen sich mit den Kapriolen und Stürzen der Liebe und des Lebens, Realität verschwimmt mit Fiktion und kulminiert in einem stets ausgefeilten Beat, der sich ganz automatisch beim Lesen ergibt. Der sentimentale Unterton, melancholische Farbtupfer und eine Art Schwere, dem Gefühl der Saudade sehr ähnlich, sind stets vorhanden und des Dichters Markenzeichen, wenn man so möchte.

Ben ist ein Perfektionist. Kein Wort ist dem Zufall überlassen, keine Zeile bleibt unbearbeitet. Er liest seine Gedichte wieder und wieder, laut und leise für sich, verfeinert sie zu einem Sprechgesang, wodurch sich der Eindruck verfestigt, es handele sich um Lieder; nicht umsonst nennt er seine Texte "Stücke" und sein hier vorliegendes Buch "BLACK ALBUM, disk 1 - 4".

Sehr oft kommuniziert er mit einem unsichtbaren "Du", das sich in unterschiedliche Personen verwandelt; in eine Muse, eine Partnerin, eine Träumerei – aber auch in einen Freund, gar in Ben selbst.

Ben Kretlow ist ein 24/7-Lyriker. Er schreibt in Bussen, auf Parkbänken, bei der Arbeit, in der Schlange an der Supermarktkasse. Worte und Rhythmen begleiten ihn auf jedem seiner Schritte.

Und genau das, diese Verbindung zur Kunst, die Liebe zu Worten, Hingabe seit vielen Jahren, präsentiert er in diesem Band, der eine Sammlung von Gedichten enthält, die zwischen 2007 und 2022 entstanden sind.

"BLACK ALBUM" ist für mich sein bisher persönlichstes Werk und zeigt eindrücklich seine Schaffensprozesse, die Entwicklungen und die Hauptthemen & Sehnsüchte seines Innersten.

Ich möchte weder etwas vorwegnehmen, noch eine Rezension schreiben. Kunst ist subjektiv. Immer. Doch wer Ben Kretlows Lyrik kennt und mag, wird dieses Buch lieben – und wer sich noch nicht mit ihr auseinandergesetzt hat, sollte definitiv mit "BLACK ALBUM" beginnen.

Dakini Böhmer
Autorin + Künstlerin

"Die Träumer sind die Beschützer
der Welt."

– *James Allen*

BLACK ALBUM.

traumfäng3r/bootleg

disk 1
01. hinter jedem vorhang schweigt eine geschichte
02. & da stehste
03. hier*
04. diese nacht ist mein sarg*
05. in meinen träumen (isses, wo ich lebe)*
06. pusteblume
07. meine welt isn ghetto
08. splitterherz*
09. revival*
10. alles scheint, alles wacht*

*bisher unveröffentlichtes Archivmaterial

hinter jedem vorhang schweigt eine geschichte

nehmt die kälte aus den häusern
+ nehmt das schweigen von den lippen
entblößt das starren hinter den fenstern
lasst das panorama endlich kippen

haltet nicht meer schützend die hand
über die, die irgendwas wissen
+ lasst angst nicht über den verstand
ihren grauen schleier stülpen

also hört zwischen den zeilen:
leerzeichen sagen manchmal das meiste
können wir wirklich noch gut + böse
                              unterscheiden?
ich hab keine ahnung, wie oder wohin,
                              weißte?

Geschrieben am 14.03.2022.
Einzelveröffentlichung auf Instagram
@benstagram1985, 2022

& da stehste

dass du mich nicht liebst
dass du mich nicht fängst
dass du keines deiner süßen worte
jemals wie licht in mein fenster hängst

ich seh noch deine blumen
ich berühr noch dein bild
& möcht ich nur eine erinnerung verschieben,
tanzt alles in mir wie wild

eigentlich möcht ich gar nichts meer sagen;
was am meisten spricht, ist geste
ruhig werden meine fragen,
weißtdu, wenn ich hochschau, & da stehste

Geschrieben am 17.11.2021.
Einzelveröffentlichung auf Instagram
@benstagram1985, 2021

hier

ich weiß nicht wohin ich nicht will,
sagt sie, und zeigt hinter den schatten
ihrer kalten hände

warum hält die unruhe in mir nicht still,
sagt sie, und deutet von dem einen punkt
auf das andere ende

siehst du, wohin mich diese farben zeichnen
wenn ich doch gar nicht sagen kann
wo ich jetzt steh

wenn ich nicht einmal weiß – ja, hörs dir an:
welchem kummer wir hier (aus)weichen
wenn ich geh

Geschrieben am 01.03.2015/04.09.2015.
Bisher unveröffentlicht

15

diese nacht ist mein sarg

mein gedicht ist mein messer
mein stift der letzte versuch
einer waffe, die dich vielleicht
am deutlichsten trifft,
wenn ichs nur brauch,
dass du mich endlich ansiehst

auch wenn mir klar ist,
dass du nichts von dem spürst,
was ich dir so dringlich erzählen will,
& jeder meiner schreie geht vor dir
auf wie in rauch
+ ich verschwinde ---

so durchlöchert von deiner ignoranz
falle ich also im hintergrund zu boden,
so unscharf wie das bild werde ich,
wenn dein blick mich nicht
ansatzweise im raum ausleuchtet,
& alles ist dann asche.

ich fühle das doch:
den staub in den lungen,
den dreck in meinen augen,
ich huste gestein
in einem ewigen schacht der dunkelheit,
an dessen ende ich niemals ankomme

Geschrieben am 17.11.2020.
Bisher unveröffentlicht

in meinen träumen (isses, wo ich lebe)

wolltest du nicht sehen, was ich seh?
du, ich kann es verstehen, aber dann geh
für niemanden gibt man nämlich träume auf
+ für umsonst nimmt man keine tränen in kauf
meine wahrheit, weiß ich nun, tut mir nicht weh

hier isses, wo ich lebe. hier isses,
wo ich meine träume träume,
ja, wo ich so mit mir keinen moment
von meinem atmen meer versäume:
hier isses, wo du mich findest,
wenn ich nicht meer im nebel steh

Geschrieben am 30.09.2020, 01.10.2020 + 02.10.2020.
Bisher unveröffentlicht

pusteblume

an den häuserwänden dieser stadt
steht geschrieben, was sie nicht meer hat
an den häuserwänden dieser stadt
rebellieren die worte scharf + klug, nie satt

ist der hunger unter denen, die
sich nicht ducken, wenns drauf ankommt, wie
wir vorangehen vorm nächsten morgenlicht,
das hoffentlich die letzten schatten bricht

also reiß jetzt nicht die pusteblume ausm sand
+ glaub daran, er hat gehört, was ich verstand
& so hoff ich, dass genau er es hat,
was wir fordern auf den häuserwänden dieser stadt

Geschrieben am 03.05.2020.
Einzelveröffentlichung auf Instagram
@benstagram1985, 2020

meine welt isn ghetto

hier grassiert ne krankheit im block
heißt sowas wie ichfindkeinenjob
hey du, wie lang leben wir eigentlich noch
so füreinander + jeder verschwindet letztlich doch

& da bleibt niemand, der uns vermisst
die straße isses, die so schnell gesichter vergisst
heißt: jede erinnerung irgendwann zerbricht
+ macht aus deinem bild... du – da ist nichts

also wurde ich geboren
(auch wenn immer was im ghetto geht),
damit von anfang an auf meiner stirne steht:
hey du, verloren ---

& meine welt isn ghetto, sagt sie:
trotz allem immer BUNT statt ~~braun~~
du, meine welt isn ghetto, sagt er:
& in allem respekt für kinder + frauen
meine welt isn ghetto, sagen sie
meine welt isn ghetto

Geschrieben am 02./05.03.2020.
Einzelveröffentlichung auf Instagram
@benstagram, 2020

splitterherz

in so vielen sind diese splitter in der brust.
wie sich diese kälte wohl erst anfühlen muss,
wenn man nichts als das meer spürt
+ keine liebe in dir meer zirkuliert
+ du nur erahnen kannst, ja, irgendwann
                              ist hier schluss

& du wusstest mal, da geht ne treppe rauf
                              zum weg,
auf dem du aber schon so lange nicht
                              meer gehst,
denn du wurdest verfangen innem netz
                              von intrigen,
in dem du nicht unterscheiden kannst,
            wer wahrheit spricht oder lügen –
ja, beim blick in den spiegel erkennst du
                              den betrug

also fürchtest du, hiervon wird sich
                              nichts ändern?
zwischen scharfsinn + illusion beginnst du
                              zu schlendern?
lapidar wird deine haltung, sarkastisch jedes wort
& obwohl du weißt, dass du dich verrennst,
isses, dass du nicht meer dagegen kämpfst:
du, zu wissen, wonichtweiter ist auch ein ort

Geschrieben am 08.04.2022.
Bisher unveröffentlicht

revival

irgendwas treibt ihn –
ob noch was geht?
das letzte große ding
wird gedreht

ein letztes mal noch
ich bin dabei
+ kriegen sie dich doch,
kauf ich dich frei

+ er schlägt ein
ja, geht zur tür
das als vorschuss,
du weißt wofür

+ er grinst nur,
er nickt
genau hierfür
ist er gestrickt

dann kommt der anruf:
treff am ring –
bring das schwein
gefälligst zum reden

sag nicht, das ist er?!
er ist es nicht??
die kombi aus blei + schrot
in sein gesicht

was ist da gelaufen?
was, mein freund, war dir nicht klar?
du, ich bin nicht mehr der
der ich mal war

ich weiß, du bist alt
ja, ich versteh...
mein schuss macht dich kalt!!
ende, aus, flimmern, schnee.

Geschrieben am 27.01.2016.
Bisher unveröffentlicht

alles scheint, alles wacht

& alles scheint, alles wacht
siehstdu, da sind keine zweifel meer,
da ist jetzt diese ruhe bei nacht

& ich weiß, dass du da bist
ich weiß, dass du träumst
dass du nichts von mir vergisst
dass du dich selber nicht versäumst

& hier, der mond kennt jetzt
endlich deinen namen,
überall steht er geschrieben.
nein, mich in deinem vertrauen zu tragen,
(bitteweißes) möcht ich nie meer fern
von mir schieben

denn du bist wie der himmel,
du bist das blau der nacht
hier ist nun ein beginn:
in meine dunklen augen,
die so tief in dich schauen,
ja, hast du dieses leuchten gebracht

Geschrieben am 31.12.2021.
Für Babyherz. Bisher unveröffentlicht

BLACK ALBUM.

traumfäng3r/bootleg

disk 2
11. In den Herbst hinein
12. Aufnahmeprüfung
13. Probelauf
14. mein lehrer t.b.
15. wechselstrom*
16. jurek*
17. im letzten dezember*
18. schwärze*
19. NOCH IMMER SCHLÄFT DIE HALBE WELT*
20. jede deiner tränen*

*bisher unveröffentlichtes Archivmaterial

In den Herbst hinein

Ich erinnere mich noch an dein Lächeln so mild
Ich weiß noch ich habe gedacht
Dass du mir so vertraut warst auf dem Bild
Du hast es im Juni gemacht

Als der alte Sommer noch neu war
Sonnenschein legte sich auf dein Gesicht
Frühlings Wirren mündeten auf einmal seicht – und da
Hast du geahnt, ja, erinnertest du dich

Dass du Liebe klopfen hören wolltest an der Tür
Die ganze Welt sollte duften nach Magnolien
Und nun weiß ich warum und wofür
Du diese Momente gezogen hast auf Folien

Ja, der Sommer ist bald zu Ende
Und du schiebst die Sonnenbilder zurück ins Buch
Der Herbst schon berührt nahe deine Hände
Und legt auf dein Gemüt: seinen Fluch

Geschrieben am 09.09.2013.
Einzelveröffentlichung auf Instagram
@benstagram1985, 2020

27

Aufnahmeprüfung

Er ist einer, dem können wir vertrauen.
Er hat die richtigen Tricks zur richtigen Zeit.
Auf seine Worte, meinst du, können wir bauen.
Er ist zum Kampf bereit.

So einer verschwindet nicht lautlos.
So einer kommt zur Tür rein mit Posaunen
                          und Trompeten.
In seiner Gegenwart bist du wortkarg, aber groß.
Nun hat er um deine Meinung gebeten.

Jetzt kommt es darauf an:
Bist du nur ein Ja-Sager oder einer,
der sein Wort meint, wie ers spricht.

Seine Augen mustern deine Haltung,
als wär es, dass von euch keiner
ihm je die Wahrheit sagen würde ins Gesicht.

Geschrieben am 28.01.2015.
Einzelveröffentlichung auf der Facebook-Autorenseite
BEN KRETLOW, 2015

Probelauf

Ich denke, meine Geduld ist am Ende
Ich denke, bald stolpern wir über unsre Lügen
Ich finde, über mein Herz, das ich verschwende,
konntest du lang genug verfügen

Ich denk, ich brauch dich nicht am Telefon
Ich zweifle, wie es wohl wäre mit Nähe hier
Ich finde, du hast dich selbst zu lang belogen
Du bist das ambivalente Tier

Und irgendein Sturm fegt über die Dächer, sagst du
Ich kann dir egal sein, schreist du in mein Gesicht
Meinetwegen kannst du ruhig gehen, flüstre ich dir zu
Aber deine Tränen verraten, noch kannst dus nicht

(Aus! Aus! Aus! Schreit Regisseur Siebenschneider
tobend in die Szene. Mehr Elan, mehr Bitternis,
mehr Verletzlichkeit, Lina! Alles zurück auf Anfang.)

Geschrieben am 03.05.2015.
Einzelveröffentlichung auf der Facebook-Autorenseite
BEN KRETLOW, 2015

29

mein lehrer t.b.

er sagt, ich habe keine arbeit, und ich
sehe auf die vielen stapel papier vor ihm,
& er sagt, das, was du weißt, ist meer
als das, und ich weiß nicht, wovon er
spricht, wenn er meint, das sei keine arbeit,
also denk ich an leidenschaft, und sein gesenkter
blick, das eine würde nicht ohne das
andere gehen, bemerkt, ich atme langsam aus und
konnte noch gar nicht so richtig verstehen,
was er da eigentlich von sich: gibt

Geschrieben am 06.04.2019.
Einzelveröffentlichung auf Instagram
@benstagram1985, 2019

wechselstrom

mir ist da so wenig punk
in der lyrik,
dreh bloß nicht das radio auf
zeilen, die manche sagen,
genügen nicht –
herzlich willkommen im angepassten haus

du, ich kanns kaum noch ertragen –
hör mir doch zu, herzrebell –
wenn schon in ihren worten,
die mir nichts sagen,
der schein bröckelt, bis er fällt

also schwimm ich gegen den strom?
glaubst du, dass ichs tu?
ich wünscht, ich wär so autonom
(komm, lass uns lachen:) wie du

Geschrieben am 19.10.2018.
Bisher unveröffentlicht

jurek

hör auf zu flennen, mann, steh auf
+ mach dich grade. hier schreiben sie
eine geschichte, in der dein name vorkommt,
und jetzt geht es darum, was von
deiner figur bleibt:
du bist der stoff, der vorangetrieben
werden muss. du bist der schlüssel zum
rätsel zwischen den bildern, oder aber –:
der fehler, den man erst bei genauerer betrachtung
entdeckt und der alles relativieren kann.
wenn du nicht spurst, mann, streichen
sie dich aus den blättern, hörstdu?; dann ist da
nichts von den zeilen, wenn sie
das buch an jemand anderen weiterreichen,
der von dir schon längst nichts mehr weiß.
steh auf, bruder, wenn du was willst,
das dich ganz allein wärmt zwischen
der gunst in deinen händen, oder aber –:
bleib sitzen + vergrab ohne erwartung
dein allerweltsgesicht //: du wählst.

Geschrieben am 13.06.2017.
Bisher unveröffentlicht

im letzten dezember

da steht einer + führt sich umher
zwischen den nischen des viertels;
nasser wind, nasser asphalt.

da weiß einer für sich keine worte meer,
während die dunkelheit gewinnt –
bleiben seine lippen kalt.

neben ihm nimmt nur platz ein schweigen;
das ticket gelöst,
leere bahn.

sich keinem wünschen meer zu neigen,
wird alles schon richtig werden,
wohin sie fahren.

Geschrieben am 11.12.2018.
Bisher unveröffentlicht

schwärze

sie schaut aus dem fenster
hinunter, als alles andere treibt
wie jedes dieser gespenster,
das in ihren gedanken bleibt

warum kann nicht von mir gehen,
was gar nicht meer hier ist
wann nur lern ich zu verstehen,
schaut er, was du längst vergisst

sie dreht sich fort
hinein in den schwarzen raum
und weiß kein wort,
weiß er, für ihren traum

Geschrieben am 04.10.2018.
Bisher unveröffentlicht

NOCH IMMER SCHLÄFT DIE HALBE WELT
spult sie vor spult sie zurück und versucht
zwischen seinen Worten ein Lebewohl zu finden
das ihre Lippen nicht erfuhren

So hört sie ihn reden von einer Zärtlichkeit
in der sie sich liebten viele Monde
mit all ihren Wünschen am Meer
und das Rauschen der Wellen das einzige Geräusch

Vor meinen Augen schläfst du noch
in unserm Morgenrot meine Liebe
als ich dich niederlege unter dem Apfelbaum
nach Stunden weiter Schritte nach Haus

Ich musste gehen. Du weißt, ich musste.
Das Land, die Brüder, sie riefen.

NOCH IMMER SCHLÄFT DIE HALBE WELT
spult sie zurück: Ich werde dir einen Ort schenken
meine Liebe an dem nie jemand die Fahnen
unsrer Begegnungen niederreißen wird denn

Sie alle erzählen von den Wegen unsrer Liebe
getränkt im Blute der Begierde
getränkt im Blute der Verzweiflung
getränkt in dem einen Tropfen Blut deines Versprechens

Dass niemand sonst je deine zarten Hände hielt
bis ich wieder vor deinem Hause steh
eines unbekannten Morgens und du mich erblickst
nach Wunden an Leib und Seele

Ich weiß dein Kuss wird mich heilen meine Liebe
und die langen Jahre zwischen uns überwinden
                                        meine Liebe
wenn ich Nächte an deinem Bette sitzen werde –
stoppt sie das Tonbandgerät und öffnet die Tür

Geschrieben am 13.03.2015.
Bisher unveröffentlicht

35

jede deiner tränen

jetzt, da ich dein herz endlich fühlen kann
nach all den wolkigen jahren,
bin ich wirklich, bei gott, der reichste mann
+ darf durch DICH erfahren,
wies sich anfühlt, wenn man tatsächlich –
& ich mein, so wirklich aufrichtig –
tiefst in LIEBE schwebt

du hast nämlich jede furcht in mir ausgeknipst,
& durch dich, babyherz, verschwand jeder nebel
                                    bei nacht
in deinen armen wusst ich genau vom ersten augenblick,
dass dein so mildes herz meins wieder fühlend macht,
ja, dass alles, was vorher in tränen lag,
durch deinen zauber bald sanft + friedlich wird:

ich werd dich für immer lieben.
ich werd jeden tag alles geben,
dass dein herz das nie vergisst.
meine kleine süße frau, jede deiner tränen
werd ich von hier in ein lächeln verschieben,
während ich dich in jeder sekunde ferne
              unendlich vermiss

Geschrieben am 26.03.2022.
Für Babyherz. Bisher unveröffentlicht

BLACK ALBUM.

traumfäng3r/bootleg

disk 3

21. pulverregen*
22. müde liegen wir in den armen des andern*
23. dies oder keins oder irgendein wort*
24. der moment nach liebe*
25. mauer
26. #staub
27. innem gedicht hat jörg fauser
28. drei schreiber stehen am bahnhof
29. mondtänzer [latenite licht edit]*
30. honig

*bisher unveröffentlichtes Archivmaterial

pulverregen

was denkst du, was ich denk, wenn
ich in dieser gegend keinen stein meer erkenn
so als würde früher nur noch –
wie hier in diesem loch –
in unsern alten erinnerungen brenn'

du, wo stand nochmal das haus, das
so hervorstach zwischen den baracken, fast
zu pompös für ostuferjungs wie wir –
du, ich war n kind vom arbeitertier,
das die bonzen hasst'

& deswegen doppelt bitter, ja, doppelt krass,
dass diese straßen,
durch die wir damals rasten,
so ohne licht geworden sind –
steinig, eisig, matt

& keiner unsrer alten leute, nein,
wirkt hier irgendwie glücklich heute, nein,
sondern ernüchtert vom überlebenskampf:
die arbeit auf der kippe,
die ehe mit der alten n krampf

& hier, nein, leuchten nicht meer viele träume
& hier, ja, rennen lebende leichen durch räume
& hier, ja, hat eine kleine welt fast aufgegeben
(wobei wortlos zugesehen zu haben ich bereue:)
zwischen dampf / tropfen / pulverregen

Geschrieben am 23.12.2017.
Bisher unveröffentlicht

müde liegen wir in den armen des andern
+ wenden uns ab indem wir uns lächelnd belügen
sollten unsre lippen zwischen den laken
anfangen tiefer zu wandern
wird sinnlichkeit wahn + sinn scharf betrügen

sie steht auf. sie geht ans fenster
blickt hinaus in eine stadt voll leichen + gespenster
ohne namen
ohne gesicht
mich so hier begraben werdet ihr nicht

Geschrieben am 07.12.2015.
Bisher unveröffentlicht

dies oder keins oder irgendein wort
nein, ich kann nicht ohne ihn leben
sie zeigt hier + hier + meint längst dort:
wer nur musste ihn von mir nehmen?

sie, die nie schreit + in stille leidet
die nie vor andern weint + sich selber meidet:
im spiegel, in gedanken, im gefühl
+ dabei ihre hände so kühl:

zwanzig jahre noch muss ich hier verschwenden,
bevor wir in unsern träumen enden
+ du, liebster, bist dann wieder bei mir
wenn der mond bei nacht die welt einfriert

Geschrieben am 01.02.2016.
Bisher unveröffentlicht

der moment nach liebe

wenn es so etwas gab wie zeit,
warum erinnere ich mich dann nicht
... an ein aufbrausendes meer zwischen uns
... & an dich?

wenn es so etwas gab wie eine möglichkeit
die hätte wahr werden können: ja, du + ich,
warum nur reichte nicht unser träumen aus...
an + für sich?

wenn es so etwas gab wie einen kuss
den wir verbargen vor der dunkelheit,
ungesehen, heimlich

wenn es so etwas gab wie eine berührung
die nie jemand so fühlen konnte
wie du... oder ich

und es so etwas gab wie liebe
(hörst du: LIEBE!),
wenn es so etwas wirklich gab
& wir stehn nun am rand einer erkenntnis
die nichts davon nach uns zeigt

wenn es so etwas gab wie _____
& nichts davon bleibt

wenn es so etwas gab, hörst du?
wenn es wirklich so etwas gab

& der moment danach
ungehalten von uns treibt,
während der schatten ungeweinter tränen
auf uns zeigt...
weil nichts von UNS bleibt?

nein, nichts von uns bleibt
(nichts bleibt)
((nichts bleibt.))

Geschrieben am 26.11.2015.
Bisher unveröffentlicht

mauer

wenn du durch die mauern
meiner blicke kämst,
was würdest du geben,
um meine wunden zu heilen?

denkst du, du könntest mit deiner geduld
hereinspazieren + diese wut in mir zähmen,
die ich nicht einmal meer
verbergen kann zwischen den zeilen?

denn weißt du eigentlich um den schlüssel,
mit dem man ein gebrochnes herz
stück für stück wieder flickt?
oder bist du die sorte mensch,
die nur nimmt + nie vergibt,
ohne irgendeine ahnung zu haben von dem,
was meinen kopf so hart fickt?

du kannst mir ruhig sagen,
es läuft so – oder so,
& dann hab ich zu kapieren.
du kannst mir ruhig sagen,
du machst was du brauchst,
um mich zugleich damit abzuservieren.
du kannst mir ruhig sagen,
was deine furcht gar nicht ist –
denn du bist nicht die im spiegel.
aber einmal etwas zu viel verlangt
+ zu selten von DIR gegeben, tja,
wirft auf uns den scheidenden ziegel.

Geschrieben am 10.11.2017.
Einzelveröffentlichung auf der Facebook-Autorenseite
BEN KRETLOW, 2017

#staub

1.
obwohl das licht brennt
die halbe dunkelheit,
ist nichts zu sehen

keine hand, die ich kenne,
legt keine kälte
auf meine haut, & nicht eine

spur der kerzen hier
sieht man
glühen in meinen augen, nein.

2.
du, ich könnte jetzt so viel
sagen, was dich betrifft,
aber meine worte

würden nur hallen
+ brechen
gegen jene karge wand,

an der dein foto
seit drei jahren
vor sich hin verstaubt. //:

du, diese nacht wird vergehn,
wie liebe vergeht,
bevor man überhaupt von ihr träumt.

Geschrieben am 05.04.2017.
Einzelveröffentlichung auf der Facebook-Autorenseite
BEN KRETLOW, 2017

innem gedicht hat jörg fauser

mal geschrieben: "Erinnerungen an gestern
sind Erinnerungen an nichts"
& manchmal gibts momente,
so nach all den seiten,
da glaub ich ihm

Geschrieben am 12.09.2020.
Einzelveröffentlichung auf Instagram
@benstagram1985, 2020

drei schreiber stehen am bahnhof
links eine traube von verlorenen träumern,
die hineintanzt in die ohnmacht der nacht
rechts das vorbeiziehen der autos,
nur ein flirren von gesichtern,
die man nie sieht
vor uns alle augen gerichtet auf
das tägliche romantische scheitern
des systems faust um faust

Geschrieben am 02.10.2021.
Für Haydar Karaldi + Kevin Prox.
Einzelveröffentlichung auf Instagram
@benstagram1985, 2021

mondtänzer [latenite licht mix]

so wie du da standest
just in dem moment,
bevor n licht im raum angeht –
so isses, wenn man was
mit ganzer bedeutung empfängt,
das bleibt + steht
egal, egal, ob sich die nacht gar
nicht meer so wie früher dreht –
du weißt einfach, fühlt sie,
dass das zwischen euch sie immer bewegt,

ja, als sie dabei leise ihre augen schließt
+ zwischen euch alles gesagte ohne worte fließt,
weil sie/er wien rausch durch dich trieb,
ja, weil du + du endlich genießt,
isses, dass alle zweifel mit der nächsten
                              drehung verschwinden
+ sich eure blicke für immer aneinander binden,

denn für immer, iMmEr, IMMER nämlich,
ja, will, will, will ich,
wenn wir nach stunden im morgentau liegen,
dich hier wieder + wieder + wieder lieben

Geschrieben am 06.11.2020.
Bisher unveröffentlicht

48

honig

wie kommt es: kein grauer himmel,
wenn der sturm über die dächer fegt.
                    ich bin das biest,
& du bist der honig. an deinem mund
kleben meine worte, meine lippen setzen
den letzten punkt, als worte beginnen
                        zu schweigen.
ich möchte deine liebe an mich fesseln.
ich möchte, dass deine begierde es will.
ich möchte dich lieben + lieben, so wie sie
es sagen, dass es unterm mond nie enden wird.
vielleicht sind wir noch ein geheimnis,
aber längst ein versprechen, das die nacht
nicht bricht

Geschrieben am 01.02.2022.
Für Babyherz. Einzelveröffentlichung auf Instagram
@benstagram1985, 2022

49

BLACK ALBUM.

traumfäng3r/bootleg

disk 4
31. Der sogenannte Rest von Immer
32. Die junge Tänzerin*
33. nächstes mal verwisch ihren lippenstift*
34. Nachtschwärmer
35. gleistänzer
36. ich kann nicht sehen*
37. spotlight*
38. sehnSÜCHTIG
39. habibi
40. ewigkeit

bisher unveröffentlichtes Archivmaterial

Der sogenannte Rest von Immer

auf dem bild, das ich zwischen deinen zeilen finde:
läufst du durch die dünen und erstarrst einen augen-
blick als du bemerkst wie mein scharfsinn
den moment festhält, verschwommen, in dem ich dich
erreiche. du könntest das kapitel zurückspulen, hast du
in erwägung gezogen und mich angesehen als ob ich
zur größten gefahr im zusammenfall deines karten-
hauses werden könnte – aber in ihrer einmaligkeit nun
schätzt du die lücken jeder erinnerung, denn:
in diesen erwehrt sich die fantasie stets dankend ihren
festen platz: also schweigst du im morgenschimmer
des kalten neonlichts und legst deine glühende zigarette
bedacht zur seite nieder, hier heimlich an den
rand der nacht

Geschrieben am 15.11.2014.
Einzelveröffentlichung auf der Facebook-Autorenseite
BEN KRETLOW, 2014

53

Die junge Tänzerin

Sie tanzt. Ihr Blick ist gesenkt
Das ist ihre Silhouette hinter dem Vorhang,
der sich noch nicht hebt
Heimlich schau ich durch den Türspalt
hinein in ihre Welt,
in der sie sich zwischen und in Klängen
verborgen legt
Schau nur: Die Art, wie sie sich dreht:
lässt mich hinein wünschen in den Gedanken,
den sie denkt
Sie ist es nämlich, die neben dir steht
Sie hat ihren Traum noch nicht verschenkt

Geschrieben am 13.01.2015.
Bisher unveröffentlicht

nächstes mal verwisch ihren lippenstift

& sie sagt: alles, was du hörst,
ist der klang meiner stimme
und das nächste mal wisch ihren
lippenstift von deiner schläfe
du brauchst nicht zu leugnen,
was ich sowieso herausfinde,
und so zu tun, als ob es
dieses verführen nicht gäbe

nenn es meinetwegen das dunkel von lust,
von dem deine gier wieder probieren muss
wie von dem zimt ihrer warmen schenkel
wie dort von jedem feuchtsüßen kuss

& dann liegst du jetzt so
neben mir, und ich weiß
schon so lang von deinen gedanken –
zu mir, ja, bist du leis;
ich weiß von den berührungen,
in denen eure fantasien verschwanden
von euren versprechen, hart + los'

das nächste mal wisch ihren lippenstift
von deiner schläfe,
wisch ihren lippenstift von deiner schläfe,
bevor du dich hier in kalter dunkelheit
zurück in die laken unsres bettes schleichst

Geschrieben am 15.01.2018.
Bisher unveröffentlicht

Nachtschwärmer

Ich seh in deine Augen und ich weiß,
du denkst das Gleiche wie ich, das heißt:
Wir packen unsre Sachen, nehmen den
nächsten Bus und steigen einfach irgendwo aus.

Ich halte deine Hand, du hältst meine:
Diese Nacht, sagst du, gehört uns alleine;
und während wir in den Armen des andern
liegen, wird sie unser Zu-Haus.

Träumend umschlungen landen wir nun am See,
lachen bis: uns tut der Bauch schon weh,
und driften mit unsren Gedanken einfach ab,
wohin wir wollen.

Denn genau jetzt sind wir frei, weißt du?
Nichts, das uns noch aufhalten könnte;
nichts, das uns noch länger stört:
egal, was wir angeblich sollen.

(Und während der Mond über uns wacht,)

könnten wir uns eigentlich noch einen Martini teilen,
während wir mitsingen zu Rio Reisers Zeilen,
und schauen Sterne am dunklen Himmel
die halbe Nacht.

Geschrieben im Sommer 2008.
Einzelveröffentlichung auf Instagram
@benstagram1985, 2020

gleistänzer

wohin wollen wir aufbrechen?
wir breiten unsre flügel aus, komm
wir durchkramen unsre taschen, komm,
+ suchen nach dem einen schnipsel,
zusammengeknüllt, auf dem stehn
könnte: so nur geht es,
& wir zerreißen ihn.

es gibt vorher erstmal etwas andres zu klären,
& zwar: willst du bloß raus aus der stadt,
oder willst du eigentlich raus aus deiner haut?
überleg mal, nur so für dich –
denn das ticket in deiner hand
heißt nicht endgültig, du musst
genau jetzt sofort los

Geschrieben am 20.02.2020.
Einzelveröffentlichung auf Instagram
@benstagram1985, 2020

ich kann nicht sehen

ich kann nicht sehen
nein, ich kann nichts fühlen
ich kann nur mich geben
für ein leben zwischen den stühlen

dabei würde ich so gern stehen
und sieh doch: klar denken auch
und mich zu dir ehrlich bewegen
weil du mich brauchst

doch das ist fiktion! fiktion! fiktion!
das nur werden sie sagen
irgendwann, träumer, unterkühlst du schon
bevor sie fragen

Geschrieben am 18.09.2015.
Bisher unveröffentlicht

spotlight

er sagt, er fühlt sich nicht wohl in seiner haut
sie sagt, sie fühlt sich nicht wohl in ihrer haut
sie fragen, wer fühlt sich nur wohl in unsrer haut
wer meint es bloß zu sein, der durch deine augen
                                        schaut?

sie reden in unserm namen, ohne ihn auszusprechen
wen siehst du, fragt sie, wenn sie von uns sprechen?
er meint, niemanden sieht man, wenn sie über uns
                                        sprechen
wenn sie nach ihrem lächeln ein messer
                        in unsern rücken stechen:

also da nur das licht, wenn was passiert
+ empörung in großbuchstaben krassiert
ach, schwester, schau aber mal, wens nur interessiert,
wenn bruder fern vom spotlight erneut kassiert

Geschrieben am 04.04.2022.
Bisher unveröffentlicht

sehnSÜCHTIG

Ich will mich in deinen Träumen
schlafen legen.
Sanft wirst du deine Hand bewegen
über meine Wangen,
über meinen Kopf,
und du küsst mich sanft
auf die Stirn.

Und ich möchte nur in deinem Schoss
die ganze Nacht verbringen.
Ich will in deinem Ohr
die ganze Welt besingen.
Und eigentlich will ich nur,
dass so ein Moment wie dieser
niemals ein Ende nimmt.

Und ich weiß, ich werde dich wiedersehen.
Mein Herz werd ich wieder vor
deiner Tür hinlegen.
Und ich weiß, du wirst es zu dir nehmen,
ihm wieder einen Namen geben,
und es umhüllen, es leise umhüllen,
dass niemand es mehr stiehlt.

Geschrieben im Februar 2007.
Einzelveröffentlichung auf Instagram
@benstagram1985, 2020

habibi

& hinter deinen augen, habibi,
eine welt gehüllt in leuchten,
von der niemand etwas sieht,
wenn man dich nicht sieht.
wie sehr ich wünscht, ich könnt
dein geheimnis für immer halten,
von dem du aber machtest,
dass es das nicht meer gibt.
wie ich nur wünscht, dein feuer
brennt noch einmal auf meiner zunge:
ja, so, als wäre deine nähe noch einmal
mein einziges atmen in der lunge

Geschrieben am 27.09.2021.
Einzelveröffentlichung auf Instagram
@benstagram1985, 2021

ewigkeit

das zarte der dunkelheit legt seinen
schleier um unsre augen. müdigkeit und
beruhigung. die kämpfe des tages fern
meiner + deiner nähe, alle sofort vergessen,
wenn der warme ton deiner stimme
dieses rasen in meiner brust so laut
macht, baby, dass dus hörst, selbst wenn
ich nichts davon sage.
in deinem fenster nun mein licht.
du hast das panorama nun zu wow Wow WOW
geändert, & dabei die funken deiner magischen
augen, hörstdu? das spiel deiner sanften
finger hier auf meiner haut, wenn wir
beide körper auf körper in die ewigkeit fallen

Geschrieben am 24.03.2022
Für Babyherz. Einzelveröffentlichung auf Instagram
@benstagram1985, 2022

BLACK ALBUM.

traumfäng3r/bootleg

Bildteil

Originalmanuskript zu dem Gedicht "& da stehste" (vgl. S. 14 in vorliegender Ausgabe), geschrieben am 17.11.2021, im Arbeitsarchiv Ben Kretlow

Originalmanuskript zu dem Gedicht "nächstes mal verwisch ihren lippenstift" (vgl. S. 55 in vorliegender Ausgabe), geschrieben am 15.01.2018, im Arbeitsarchiv Ben Kretlow

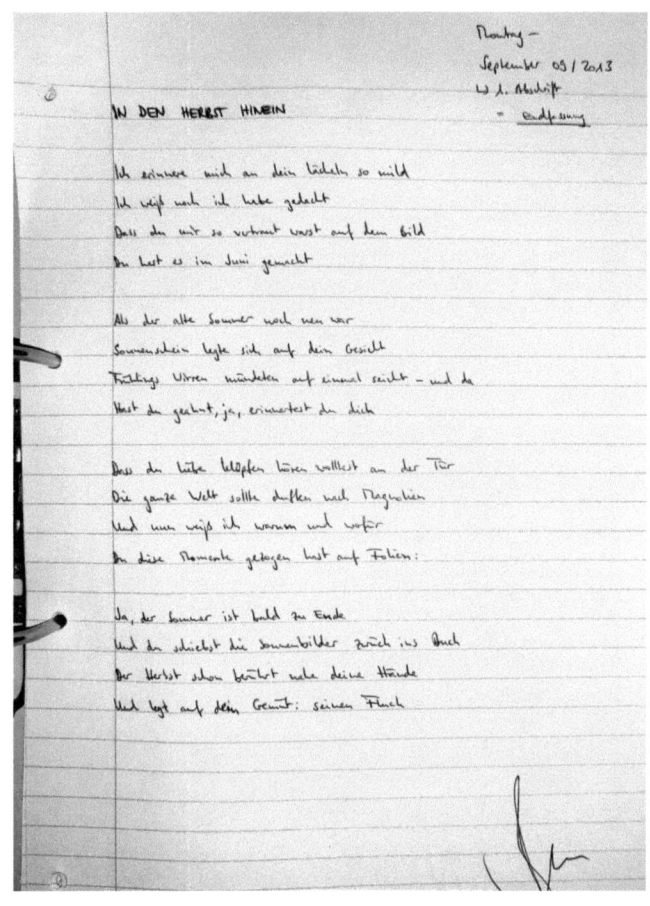

Originalmanuskript zu dem Gedicht "In den Herbst hinein" (vgl. S. 27 in vorliegender Ausgabe), geschrieben am 09.09.2013, im Arbeitsarchiv Ben Kretlow

67

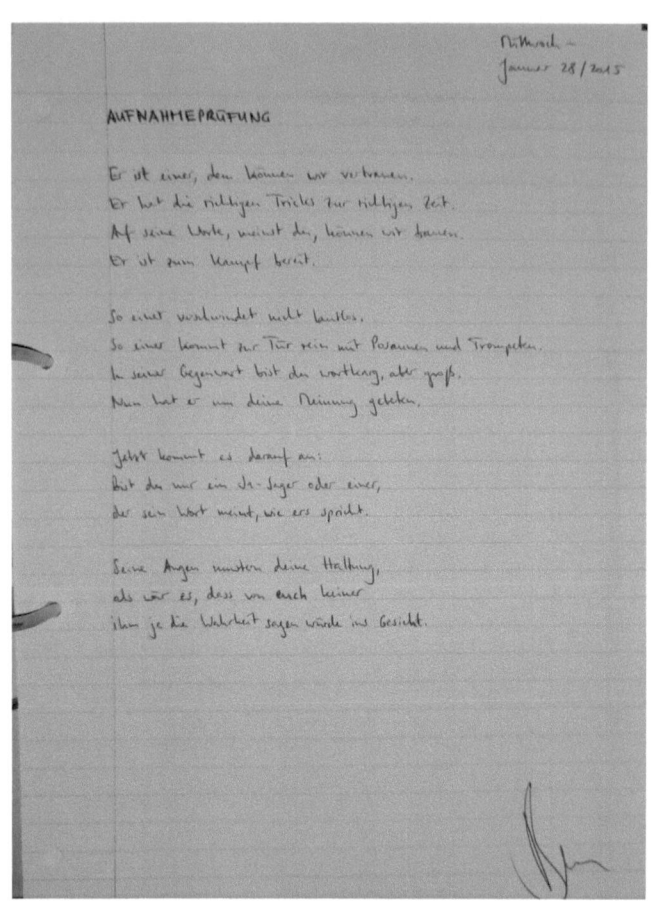

Originalmanuskript zu dem Gedicht "Aufnahmeprüfung" (vgl. S. 28 in vorliegender Ausgabe), geschrieben am 28.01.2015, im Arbeitsarchiv Ben Kretlow

68

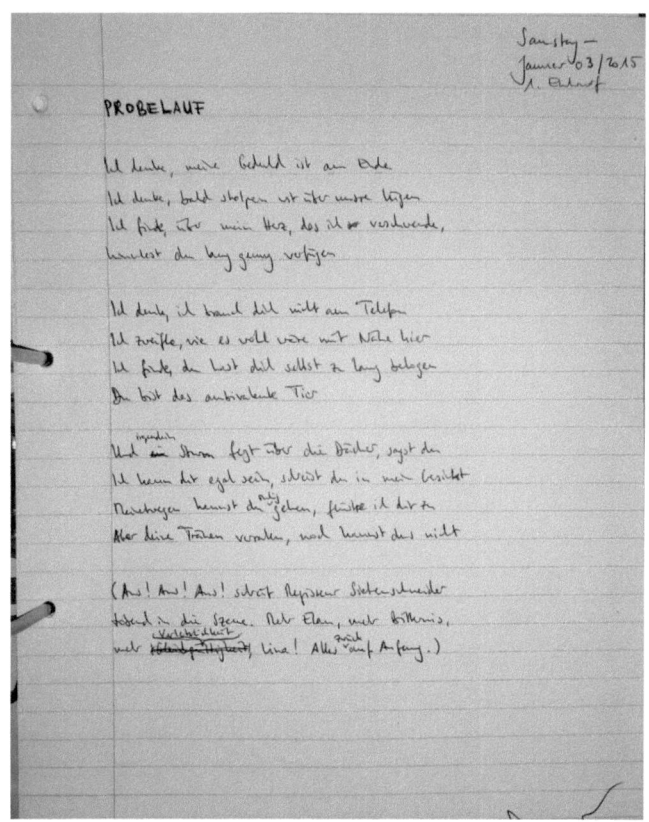

Originalmanuskript zu dem Gedicht "Probelauf" (vgl. S. 28 in vorliegender Ausgabe), geschrieben am 03.01.2015, im Arbeitsarchiv Ben Kretlow

69

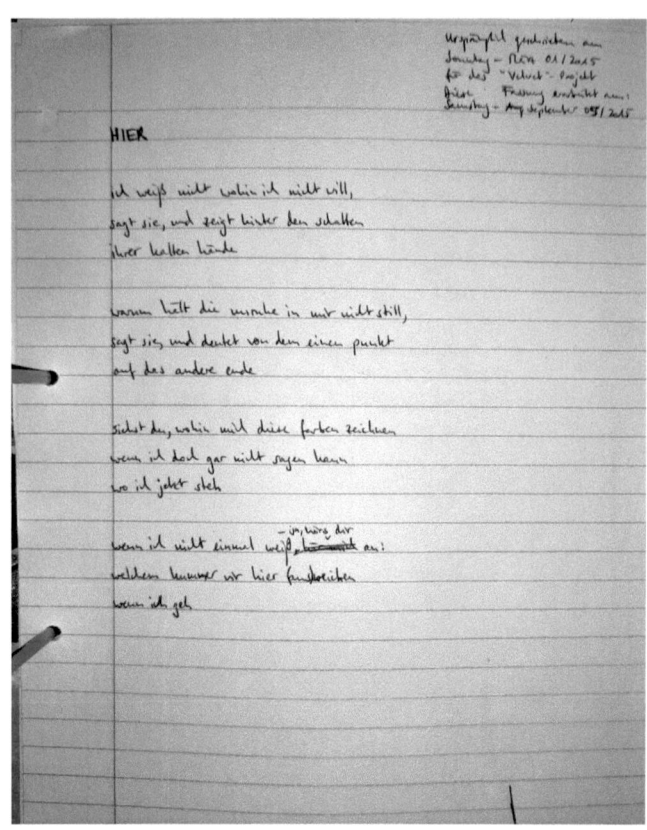

Originalmanuskript zu dem Gedicht "hier" (vgl. S. 15 in vorliegender Ausgabe), geschrieben am 01.03.2015 / 05.09.2015), im Arbeitsarchiv Ben Kretlow

70

Originalmanuskript zu dem Gedicht "im letzten dezember" (vgl. S. 33 in vorliegender Ausgabe), geschrieben am 11.12.2018, im Arbeitsarchiv Ben Kretlow

BLACK ALBUM.

traumfäng3r/bootleg

Anhang

Einzeltextnachweise

disk 1

01. hinter jedem vorhang schweigt eine geschichte
Geschrieben für kein spezifisches Projekt + einzelveröffentlicht auf dem Instagram-Account @benstagram1985, greift dieses Gedicht eines vom Autor oft angesprochenes Thema, Courage + Bewusstmachung von zwischenmenschlichen Missständen in der Anonymität einer Großstadt, auf. Hinsehen + nicht ignorieren, den Blick schärfen für das, was denjenigen neben einem umtreibt. Es bleibt also immer die Frage: Wie wirklich aufmerksam bist du?

02. & da stehste
Entstanden im Spätherbst 2021 nach dem wesentlichen Teil der Produktion vom nächsten Buch "die im dunkeln sieht man nicht", war dieses Gedicht Teil des Programms vom Instagram TV-Format LATE NITE LESEN LIVE #05 + der ersten Lesung von Ben Kretlow überhaupt in der Maya Galerie Rostock am 02.04.2022. Im typischen Ton des Dichters beschreibt der Text die Ohnmacht einer fiktiven Verbindung zwischen zwei sich Liebenden, die unvollendet bleibt.

03. hier
Im Jahr 2015 arbeitete Ben Kretlow an dem fertigen, unveröffentlichten Buchprojekt "Velvet", an dem E-Book "hier, etc.", das in jenem Sommer erschien, sowie an dem nicht publizierten "herzrebell"-Manuskript, aus dem die Arbeit an dem ersten Printbuch "#DieLetzteFarbe" entsprang. Für alle drei Projekte kam "hier" in Betracht, blieb aber bis jetzt ungelesen in den Schubladen des Autors.

04. diese nacht ist mein sarg
Nach der Veröffentlichung von "vom rand der nacht" im Juli 2020 arbeitete der Schriftsteller bis Jahresende an vielen neuen Texten, ohne ein bestimmtes Projekt dafür geplant zu haben. Ende Dezember 2020 begann die Arbeit am nächsten Band "die im dunkeln sieht man nicht", wofür dieses Stück aber von Anfang an nicht in Betracht gezogen wurde. Bisher nicht anderweitig publiziert, erscheint das Gedicht hier zum ersten Mal.

05. in meinen träumen (isses, wo ich lebe)
kam wie das vorherige Gedicht im Herbst 2020 zustande + zwischendurch immer wieder für "die im dunkeln sieht man nicht" in Betracht, bevor es letztlich in dessen Endfassung kein Zuhause fand. Die positive Stimmung des Stücks, sich von seinen Träumen + Zielen leiten + sie nicht von irgendjemandem niedermachen zu lassen, ist ein häufiges Thema im Werk des Wortkünstlers.

06. pusteblume / 07. meine welt isn ghetto
Zwei Gedichte, 2020 entstanden + jeweils einzelveröffentlicht, die sozialkritische Themen wie zum Beispiel Jugendarmut + verwahrloste Nachbarschaften ansprechen + den Leser dazu auffordern, die Probleme vor der eigenen Haustür nicht zu ignorieren + für die Verbesserung der eigenen Lebensverhältnisse einzustehen. Darüber hinaus thematisiert "meine welt isn ghetto" Rassismus, was im achten Stück des Bandes aufgegriffen wird.

08. splitterherz
Eines von zwei neuen Gedichten, die während der Arbeit am BLACK ALBUM entstanden, und die sich beide mit die Themen Rassismus + Diskrimierung auseinandersetzen. Zudem ist "splitterherz" das Titelstück für das von Ben Kretlow geplante Anthologie-Projekt "SPLITTERHERZ. Wortkünstler:innen gegen rechts", das voraussichtlich Ende 2022 herausgegeben werden soll.

09. revival
Hier liegt ein bis jetzt unveröffentlichtes Outtake aus den Arbeiten für das 2016er Buch "#DieLetzteFarbe" vor, das dem Autor erst einige Zeit vor der Entstehung vom BLACK ALBUM durch Zufall wieder einfiel. Herausgekramt + direkt in diese Kollektion aufgenommen, beschreibt der Text die Geschichte eines Bandenaussteigers, der noch ein letztes Mal das Gefühl des Nervenkitzels spüren + das letzte große Ding drehen will.

10. alles scheint, alles wacht
Für Ben Kretlow eines der schönsten + bedeutungsvollsten Gedichte überhaupt, die er je schrieb. Bei Gott, sieweißes.

disk 2

11. In den Herbst hinein
Geschrieben 2013, blieb das Gedicht jahrelang unter Verschluss, weil Ben Kretlow es als einen seiner besondersten Texte sah. In den Jahren zog er es meerfach in Betracht für unterschiedliche Projekte + integrierte es 2015 in die fertige Endfassung des unveröffentlichten "Velvet"-Buchprojekts. Im Herbst 2020 erschien es als letzter Beitrag seiner damaligen Instagram-Reihe "Wortfund der Woche" auf @benstagram1985.

12. Aufnahmeprüfung
Dieser Text entstand 2015 während der kreativen Produktionsphase des "Velvet"-Manuskripts, an dem der Autor in der ersten Jahreshälfte 2015 schrieb + das für eine Veröffentlichung im selbigen Sommer vorgesehen war, bevor er sich entschied, stattdessen das E-Book "hier, etc." herauszubringen. Unmittelbar nach der Entstehung des Textes war er auf der damals noch aktiven Facebook-Autorenseite BEN KRETLOW zu lesen.

13. Probelauf
war eines der ersten von vielen Gedichten der Protagonisten Lina, Jurek + Regisseur Siebenschneider, das Ben Kretlow schrieb. Thematisch hätte es gut in den Band "#DieLetzteFarbe", das die Geschichte der eben genannten Figuren in der Theaterszene Ost-Berlins in den 1970er Jahren nachzeichnet, gepasst, kam dafür aber zu keinem Zeitpunkt in Betracht, obwohl Kretlow das Gedicht noch nach Erscheinen des Bandes meerfach wiederveröffentlichte.

14. mein lehrer t.b.
Ben Kretlow nannte meerfach öffentlich, u. a. in der von Dakini Böhmer + ihm moderierten Instagram TV-Sendung IM KUNSTBLICK: BÖHMER TRIFFT KRETLOW (siehe Folge 1, 25. Juli 2021), Thomas Brasch (1945-2001) als seinen persönlichen Literaturhelden + Lieblingsschriftsteller. Dieses Gedicht ist seine Hommage an einen der wohl bedeutendsten Schriftsteller der Nachkriegszeit. Geschrieben + veröffentlicht wurde es 2019 auf Ben Kretlows Instagram-Account @benstagram1985.

15. wechselstrom / 16. jurek / 17. im letzten dezember / 18. schwärze
Diese vier Texte entstanden 2017/2018 während der dreijährigen Produktionsphase (Dezember 2016 – Januar 2020) seines damals als Hauptwerk angelegten Buchprojekts "die hälfte eines andern lebens", wofür Ben Kretlow 260 Texte schrieb + vierzig letztlich in der endgültigen Fassung aufgenommen worden sind. Das Buch bleibt bis heute (Stand: Mai 2022) unveröffentlicht.

19. NOCH IMMER SCHLÄFT DIE HALBE WELT
ist wie "In den Herbst hinein", "Aufnahmeprüfung" + "Probelauf" aus dem fertiggestellten Band "Velvet" entnommen + blieb wie "Velvet" bisher unveröffentlicht.

20. jede deiner tränen
Für Ben Kretlow eines der schönsten + bedeutungsvollsten Gedichte überhaupt, die er je schrieb. Bei Gott, sieweißes.

disk 3

21. pulverregen
Das Gedicht, geschrieben im Dezember 2017 zur selben Zeit wie u. a. das veröffentlichte "bis der mond angeht", entstand während der dreijährigen Arbeit an dem nicht publizierten Band "die hälfte eines andern lebens", wofür es aber in keiner der im Arbeitsarchiv Ben Kretlow vorliegenden Fassungen aufgenommen wurde. Bis zum heutigen Tage vorher in keinem Format herausgegeben, knüpft das Stück an den Themen der Texte "pusteblume" + "meine welt isn ghetto" in diesem hier vorliegenden Band an.

22. müde liegen wir in den armen des andern / 23. dies oder keins oder irgendein wort
entstanden im Fall des erstgenannten im Vorfeld + bezogen auf das letztere Stück während der kreativen Produktionsphase von "#DieLetzteFarbe". Beide Gedichte kamen jedoch in keiner Phase des Entstehungsprozesses des Bandes dafür ernsthaft in Betracht.

24. der moment nach liebe
betrachtete Kretlow lange Zeit als eines der wichtigsten Gedichte, das er schrieb, und verband es mit einer ähnlichen Bedeutung für sein Gesamtwerk wie die zirka zur selben Zeit entstandenen Texte "das könnten wir sein weißt du" + "naile". Jahrelang stand für den Schriftsteller fest, dieses Gedicht nicht herausgeben zu wollen, obwohl es zwischenzeitlich für "#DieLetzteFarbe" eingeplant war, jedoch durch "#marilynslieblingsbild" ersetzt wurde. Bis zur Aufnahme in dieser hier vorliegenden Sammlung blieb das Gedicht unveröffentlicht.

25. mauer
Geschrieben Ende 2017, wurde der Text direkt nach Fertigstellung auf der Autorenseite BEN KRETLOW veröffentlicht. Obwohl es laut der Entstehungszeit dem Projekt "die hälfte eines andern lebens" zugerechnet wird, stand das Gedicht nie zur Berücksichtigung dafür, sondern von Anfang an für sich als Einzelveröffentlichung.

26. #staub
Wie das vorangegangene Gedicht zur Zeit der Entstehung von "die hälfte eines andern lebens" geschrieben, war es jedoch

direkt in der Erstfassung des Manuskripts 2017 integriert + blieb nach radikaler Überarbeitung der Zusammenstellung auch in der finalen Fassung von 2020 in eben jenem unveröffentlichten Projekt gelistet. Als Einzelveröffentlichung fand das Stück jedoch hinaus in die Welt der Poesie + wurde zuletzt 2022 von Ben Kretlow auf seinem Instagram-Account @benstagram1985 wiederveröffentlicht.

27. innem gedicht hat jörg fauser

Der Autor wurde durch Zufall beim Stöbern einer weiteren schmalen Lyrikabteilung einer großen Buchhandlungskette auf den Schriftsteller Jörg Fauser aufmerksam, der ihm vorher kein Begriff war. Hier fiel ihm der Band "Ich habe große Städte gesehen", herausgegeben 2019 im Diogenes Verlag AG Zürich, in die Hand. Er war sofort eingenommen von der Kraft des harten + unverblümten Schreibens Fausers. "innem gedicht hat jörg fauser" zitiert hierbei aus dem Stück "Cut City Blues" aus eben genanntem Nachlassband Fausers. Anfang 2020 erschien dieses Gedicht auf dem Instagram-Account @benstagram1985 als separate + projektungebundene Veröffentlichung.

28. drei schreiber stehen am bahnhof

Entstanden im Herbst 2021 nach einem Treffen der drei Autoren Haydar Karaldi, Kevin Prox + Kretlow in Kiel. Bei der Verabschiedung von Prox vereinbarten alle drei jeweils direkt danach ein Gedicht über gemeinsam Beobachtetes am Hauptbahnhof Kiel zu schreiben + auf ihren Instagram-Accounts @leben_62, @nachtschichtgedanken + @benstagram1985 zu veröffentlichen. Gesagt, getan. Drei diverse Blickwinkel, eine Geschichte. Das Gedicht ist Karaldi + Prox gewidmet.

29. mondtänzer [latenite licht edit]

ist eine bisher unveröffentlichte Fassung des 2021 erschienen Gedichts "mondtänzer", das Ben Kretlow auch in seinem Instagram TV-Format LATE NITE LESEN LIVE las. Das Originalgedicht erscheint zudem im nächsten Buch "die im dunkeln sieht man nicht".

30. honig

Für Ben Kretlow eines der schönsten + bedeutungsvollsten Gedichte überhaupt, die er je schrieb. Bei Gott, sieweißes.

80

disk 4

31. Der sogenannte Rest von Immer
2014 entstanden + erstmals veröffentlicht, 2015 integriert in das "Velvet"-Manuskript, ist dieses Gedicht durch Zufall beim Sichten des Archivs wieder aufgetaucht.

32. Die junge Tänzerin
ist ein Text, der eines von Ben Kretlows häufig verwendeten Themen in den Fokus nimmt: den Glauben an + die damit verbundene harte Arbeit für die Wahrmachung eigener Träume. Geschrieben im Januar 2015 + bisher nicht publiziert, beschreibt das Gedicht die fiktive Geschichte einer jungen Frau, die als Tänzerin Arbeit + Anerkennung finden möchte, unabhängig davon, wie sehr sie dafür belächelt wird + wie schwer sie dafür kämpfen muss, um diesen Traum zu ihrem Leben werden zu lassen. Wie das vorangegangene Gedicht war "Die junge Tänzerin" für das nicht herausgegebene Buch "Velvet" vorgesehen.

33. nächstes mal verwisch ihren lippenstift
entstand fast auf den Tag genau drei Jahre nach "Die junge Tänzerin" für das Buchprojekt "die hälfte eines andern lebens", an dem der Autor zu jenem Zeitpunkt bereits über ein Jahr arbeitete. Bisher nicht anderweitig publiziert, ist dieses fiktive Stück direkt aus der Endfassung von "die hälfte eines andern lebens" unverändert hier aufgenommen worden.

34. Nachtschwärmer
ist 2008 entstanden + damit der zweitälteste Text im BLACK ALBUM. Veröffentlicht Anfang 2020 auf dem Instagram-Account @benstagram1985, entstammt das Gedicht ursprünglich aus einem privaten Manuskript mit dem Titel "Am Meer", das im August 2008 fertiggestellt wurde, aber nie ernsthaft für eine spätere Veröffentlichung in Frage kam. Das Gedicht, das von zwei jungen Liebenden erzählt, die aufbrechen hinein in den Sommer ihres Lebens, erwähnt den Sänger Rio Reiser, dessen Lebens- und Schaffensgeschichte Ben Kretlow zu der Zeit sehr interessierte, weshalb es zu einer entsprechenden Referenz des bekannten Musikers kommt.

35. gleistänzer
Das Gedicht, das nach seiner Entstehung im Februar 2020 zeitnah als Einzelveröffentlichung publiziert wurde, beinhaltet

den Appell des Erzählers an seinen fiktiven Gegenüber, dass Flucht, obwohl im ersten Moment äußerst reizvoll, nicht immer das beste Mittel der Wahl sein muss, um die Dinge, die einen umgeben + aufzuhalten scheinen, aus seinem Leben zu verbannen. Es geht um Introspektion, um die Suche nach einer Betrachtung + Veränderung von innen heraus. "gleistänzer" hat zudem ein Fortsetzungsgedicht, ebenfalls 2020 publiziert, das aber der Aussage des ersten hier abgedruckten nicht um eine weitere Deutlichkeit zu ergänzen vermag.

36. ich kann nicht sehen
ist eines der Gedichte, das Ben Kretlow bei der Sichtung für das BLACK ALBUM im Grunde "neu" entdeckte, da es nach fast sieben Jahren im Archiv in Vergessenheit geraten war. Geschrieben im September 2015, stammt es aus der ungefähren selben Entstehungszeit wie "die geschichte von dir und mir", "das könnten wir sein weißt du", die später ins "#DieLetzteFarbe"-Buch gelangten, oder das in diesem Abteil bereits besprochene "der moment nach liebe", das zwei Monate nach "ich kann nicht sehen" entstand. Wenn auf den ersten Blick nicht sonderlich spektakulär, ist dieser Text aber ein Beweis dafür, welche Schätze sich noch alles im Arbeitsarchiv des Lyrikers verstecken + auf ihre Entdeckung warten.

37. spotlight
ist nach "splitterherz" das zweite Gedicht, das während der Arbeit am hier vorliegenden BLACK ALBUM entstand + nur dafür in Frage kam. Der Text handelt von Alltagsrassismus + dessen Auswirkungen auf betroffene Opfer. Er erzählt aus deren Perspektive, die auf Vorsicht, Nichtauffallen + oftmals Nicht-wahrgenommen-werden ausgerichtet ist. Genauso wie das in dieser Sammlung abgedruckte "splitterherz" entstand das Gedicht mit Hinblick auf die sich in der Entstehung befindende Anthologie "SPLITTERHERZ. Wortkünstler:innen gegen rechts", die ein poetisches Zeichen gegen jegliche Art von Ausgrenzung, Diskriminierung + Rassismus setzen möchte. Geplantes Erscheinungsdatum: Ende 2022, wobei "spotlight" darin nicht enthalten sein wird.

38. sehnSÜCHTIG
Der älteste Text im BLACK ALBUM, geschrieben im Februar 2007. Ben Kretlow war zu jenem Zeitpunkt 21 Jahre alt, was man dem Stil des Gedichts anmerkt, zieht man es in den Vergleich mit Stücken neueren Datums.

Für den Schriftsteller war es wichtig, den Lesern auch ganz altes Material in diesem Band vorzustellen, um ihnen eine Möglichkeit der Nachempfindung des Entwicklungsprozesses im Schreiben des Dichters aufzuzeigen. Integriert wurde der Text im Jahr 2007 erstmals in das unveröffentlichte Manuskript "Dunkles Geräusch", bevor es schließlich dreizehn Jahre später auf dem Instagram-Account @benstagram1985 einzelveröffentlicht wurde.

39. habibi
Geschrieben + einzelveröffentlicht im Herbst 2021 auf dem Instagram-Account @benstagram1985, war dieses Stück auch Teil des von Haydar Karaldi + Ben Kretlow erarbeiteten Kalenderprojekts "utopia", das beide Künstler planten, Ende 2021 zu veröffentlichen. Jedoch schaffte es das fertige Produkt aufgrund von Produktionsfehlern nicht in den weitläufigen Vertrieb, sondern wurde nur im privaten Umfeld beider Künstler ausgegeben.

40. ewigkeit
Für Ben Kretlow eines der schönsten + bedeutungsvollsten Gedichte überhaupt, die er je schrieb. Bei Gott, sieweißes.

der autor über das buch

in meinem arbeitsarchiv schlummern hunderte um hunderte texte, die nie irgendjemand gelesen hat – & von denen ich bestimmt viele selber nicht noch einmal lesen werde. wenn ich ein neues projekt beginne, schreibe ich in der regel ganz neues material dafür + greife selten auf bereits vorhandenes zurück. daher sah ich in der arbeit am "BLACK ALBUM"-projekt für mich die möglichkeit, selber zurückzuschauen auf all die jahre + stunden um stunden, die das schreiben bisher in meinem leben ausmachten.

wie andere wortkünstler:innen hatte auch ich sofort stücke im kopf, die ich für diese sammlung verwenden wollte + nach denen ich gezielt suchte in so manchen ordnern; andere gedichte fanden sich währenddessen spontan + zufällig nach jahren wieder, die ich schon längst vergessen hatte. somit ist dieses buch auch eine gelegenheit, das archiv ein bisschen zu lüften + darin klarschiff zu machen.

ein buch, "die im dunkeln sieht man nicht", wird es hiernach noch geben. ich weiß nicht, ob ich danach noch einmal einen band dieser art machen werde. wenn es mit diesen beiden büchern dann jedoch gewesen sein sollte, wüsste ich zufrieden + ohne jedes bedauern, dass ich womöglich alles mit meinen gedichten gesagt habe, was mir je wichtig war.

Ben Kretlow
Kiel, den 26.05.2022

danksagung

dieses buch ist für mein babyherz + unsre engel: aus
dem tiefstem meines herzens danke für ALLES + unsern
jeden traum. bei gott, sieweißes ♡.

weiteren dank an: haydar karaldi – fürs cover + unsre
gemeinsame künstlerische reise | dakini böhmer – fürs
vorwort + unsern kreativen austausch | sünje
lewejohann – für deine wortkunst + unterstützung |
kevin prox (@nachtschichtgedanken) – dafür, dass du
hoffentlich eines tages ein buch machst | thomas brasch
– für ihr vorbild + dass ich alles übers schreiben erst von
ihnen lernte | jörg fauser | benjamin lebert | benedict
wells – für "vom ende der einsamkeit" | lina schattner |
jurek kaufmann | klaus siebenschneider | naile |
kassandra | yuna | flen | edition kieber

*mögen wir wieder ein bisschen meer lernen, in herzen
zu sehen anstatt in farben.* #wortkunstfürtoleranz
#wortkünstlerinnengegenrechts #blacklivesmatter
#meerliebefüreinander

der autor

Ben Kretlow, geboren 1985 als Benjamin William Kretlow, ist ein deutscher Schriftsteller + lebt in Kiel.

Ausgezeichnet als Autor des Monats Februar 2014 von XinXii.com, Europas größtes Selfpublisher-Onlineportal.

Unter anderem letzte Veröffentlichungen der Bände *"#DieLetzteFarbe"* (2016, als Printausgabe + eBook), *"2 zeilen & ein stift... gedichte"* (2018, als eBook), *"vom rand der nacht"* (2020, als Printausgabe + eBook) sowie der Werkschau *"xposé. Gedichte 2013-2021"* (2021, als Printausgabe + eBook).

Darüber hinaus ist Ben Kretlow Projektinitiator des *SternenBlick*-Projektes sowie Mitherausgeber des ersten Jahrbuchs *"SternenBlick – Ein Gedicht für ein Kinderlachen"* (2014).

Weitere Informationen + Neuigkeiten von + über den Künstler finden Sie hier: benkretlow.de
Kontakt + Anfragen an: info@benkretlow.de

willkommen in utopia

m e e r
l i e b e
f ü r e i n a n d e r .